21 Days Of Unwritten Words

दिन २१ लेकिन कविता उस से थोड़ी ज़्यादा

Tirth B. Akhiyania

Made with ❤ on the BookLeaf Publishing Platform
www.bookleafpub.in
www.bookleafpub.com

Dedication

कुछ अल्फ़ाज़ को लिख के लाया हूँ, मैं
अपने दिल को पूरा निचोड़ के लाया हूँ...
वेसे तो सिर्फ़ किताब लाया हूँ, पर अगर
एक बार पढ़ ले वो तो मेरा हाल-ए-दिल
लाया हूँ,..

Preface

Day 1 - I begin this preface with a quote from Neil Armstrong, uttered as he stepped onto the Moon:

"That's one small step for [a] man, one giant leap for mankind."

This book marks my first literary endeavor, where I've gathered my thoughts, feelings, and emotions in one place, and am now sharing them with the world. For me, this is more than just a collection of words—it's a piece of my soul laid bare for others to explore.

I have long harbored the desire to publish a book, but for a long time, the "wh" questions— what, where, when, how—eluded me. But with the guidance of BookLeaf, all those questions have been answered. While publishing this book may seem like a small step, it is indeed a monumental leap in my own personal journey. It's for this reason I chose to begin with Armstrong's iconic words.

This book is a mosaic of poems—each one

born from my own experiences, or from the lives of those around me. The verses explore love in its many forms, reflecting the myriad emotions we experience: joy, sorrow, longing, and everything in between. Through these poems, I hope to evoke feelings in you, whether they be sadness, happiness, or moments of introspection. Let us embark on this journey together, and see where it leads.

Typically, a preface is written after the author has completed the work. At least, that's what I've always understood. However, I'm penning this preface before I've even begun to write the poems themselves. So, in a way, you're reading the preface **as a preface**—an introduction to the journey ahead. And, though I may add to it as time goes on, I promise I won't alter it once the book is finished. What you see here is a snapshot of where I stand now, at the start of something new.

Day 2 to 7 - When I first began writing, I thought to myself, "This is easy. I have countless poems stored in my notes." The idea of 21 poems in 21 days seemed effortless— after all, I believed I could complete all 21 in just 3 or 4 days. But here I am, having finished only four, and now grappling with the challenge of deciding which ones to include. Which will truly justify your time, and which won't? Which will strike the right chord and which might fall short? Trust me, this process is much more difficult than I anticipated. Please bear with me; I will finish soon.

Day 8 to 13 - The journey has been far more challenging than I had initially anticipated, and I must admit that. Every day, I have to push myself to write at least one poem to stay on track with the timeline. This isn't just about writing the poems; it also involves crafting the preface for each one, as well as updating you with this main preface about my progress. So far, I've managed to stay true to the commitment of writing **"one poem a day"**, with honesty and dedication. My goal is to complete it well ahead of the deadline, avoiding any last-minute rush. But, I must confess, these poems have drained me emotionally and mentally. To write some of them, I had to immerse myself in someone else's shoes, to feel their pain, their agony—especially when writing **"पागलपन"** (Madness).

Day 14 to 21 - When embarking on something new, if you don't face challenges along the way, it's often not worth the effort. During my journey of writing these poems in Hindi, I encountered an unexpected obstacle—the tool I was using to write stopped functioning properly on the 15th or 16th day. It no longer worked as it should, and despite my best efforts, I struggled to find a solution or an alternative tool. In the end, I didn't find another tool, but rather an alternative approach. With determination, I managed to push through and complete the remaining six poems. But perhaps the most challenging part wasn't the technical difficulties—it was the endless cycle of re-reading each line, striving for perfection, ensuring every word was accurate, and avoiding any mistakes.

Lastly, This collection marks my very first attempt at writing poetry in Hindi. While I have poured my heart into each verse, I acknowledge that the craft of poetry is a journey, and I am still learning. If you notice any mistakes or areas where improvement is needed, I would be truly grateful for your constructive feedback. Please feel free to reach out to me using the contact details provided.

However, as you read through these poems, I invite you to focus primarily on the emotions and sentiments they seek to express. Each poem is a reflection of a feeling, a thought, or a moment, and I hope that, despite any imperfections in the language, the essence of the message resonates with you.
Your understanding and encouragement mean the world to me as I continue this creative exploration. Thank you for taking the time to experience this humble offering.

Acknowledgements

Uff.. This section scares me. I hope I don't forget anyone to mention.

First and foremost, I owe my deepest gratitude to my parents. Your unwavering love, guidance, and sacrifices have shaped me into the person I am today. It is because of your constant encouragement and belief in me that I found the courage to pursue this dream.

To my beloved wife Nikita, my partner in life and in dreams: Your love and support have been the foundation of this journey. You have been my constant source of inspiration, my sounding board, and my greatest critic. Through every moment of doubt, you've been there, holding me up, urging me to believe in myself. This book is as much yours as it is mine.

To all my dear friends, thank you for being the pillars of my life. Whether in moments of joy or in times of struggle, your presence has made this journey more meaningful. Your encouragement, your candid conversations, and your shared laughter have played an integral role in shaping the words I've written here.

I would like to extend my deepest gratitude to Anjana, whose meticulous attention to detail and unwavering patience in proofreading every poem in this collection has been invaluable. Her insightful feedback, careful reading, and dedication have helped shape these poems into their final form. Anjana's support has been both a source of encouragement and a reminder of the power of collaboration in the creative process. This book is richer for her contribution, and I am deeply thankful for her time, expertise, and friendship. Thanks "my Arjun".

I also wish to extend my heartfelt thanks to the team at BookLeaf for making this dream a reality. Your professionalism, patience, and dedication have been invaluable in bringing my vision to life. Without your expertise and support, this book would not have found its way into the world.

Lastly, to all those who have touched my life—

whether directly or indirectly—and who have inspired, influenced, or encouraged me along the way, I am forever grateful. Every conversation, every moment shared, every experience lived has contributed to the creation of this work. You have all played a part in this story.

This book is not just mine, but a culmination of all the love, support, and inspiration that surrounds me. For all of you, I am deeply thankful.

1. क़ुबूल है

Ek tarfa pyar sabko kabhi na kabhi hota hai. I am sure hua hoga aur agar nahi hua to tumari jindagi abhi start hue hai ya fir khud se juth bol rahe ho. Chalo nahi hua to ho jayega, ye wo rasta hai jaha se gujarna, na-gujarna hamare hath nahi. Kahi na kahi wo dard se har koi guzarta hai, sabko wo aag jalati hai, sabke hisse thoda ya jyada wo dard to ata hi hai. Sabko kubul karni padti hai wo dooriya, wo "one sided love", wo tadap, wo pyar kabhi hasil nahi hoga vali feelings. Ek tarfa pyar me sirf akela pan hi kubul nahi karna padta, par uske sath ati mehbub ki chuppi, uski jijak, uska tadpana, wo jalan, aur uska "kabhi na pyar karne vala" najariya. To ye kavita usi sari chijo ko, sari paristhiti o ko, sare natijo ko, sare dard ko kubul karne pe hai.

To pesh hai pehli kavita "क़ुबूल है"

जा क़ुबूल है, ये एक तरफ़ा प्यार का सफ़र,
जा क़ुबूल है, तेरा मंज़िल और प्यार को एक समजना|
जा क़ुबूल है, तेरा ये डर बारिश मे भीग जाने का,
तेरा यूँ बिना किसी बात के दूर जाना भी, क़ुबूल है|
तेरी हसी को हा समजना और फिर तेरा हस्ते हस्ते मना करना, जा वो भी क़ुबूल है|
मैं "इश्क़" कहु और तू सिर्फ़ "इश्" पे मूड जाए, वो भी क़ुबूल है,

मतलबी है ये दुनिया, तरीका तेरा ये समझाने का थोड़ा हानिकारक है
पर फिर भी, ये कुबूल है|
जा, कुबूल है, मेरा यू अकेले प्यार मे तड़पना,
तुझे मिला चेन और मेरे हिस्से आई ये बेचेनी, कुबूल है|
कुबूल है मुझे, फिर से अधूरा रहा ये प्यार,
सपने चाँद पार बादलो के दिखा के, दो कदम पे छोड़ना तेरा, वो भी
कुबूल है|
तेरी खामोशियाँ, तेरी दूरियाँ, तेरी चुप्पी और तेरा पत्थर दिल भी,
बिना आग की ये जलन, बिना कांटो के पाओ की चुभन भी
ये बिना जान वाली जिंदगी, बेमौत आती ये मौत भी|
मुझे मेरा अधूरा दिल, अधूरे सपने, अकेला सफ़र, और बिना मंज़िल
वाली मोहब्बत भी,
अगर ये इश्क़ करना मेरे नसीब में है और,
इश्क़ में हर बार मेरा यू बीच रास्ते गुम हो जाना अगर मुकम्मल है
तो फिर ठीक है, ये भी कुबूल है..

2. आशिक़ी तेरी एसी नही थी

Ye poem bahot light likhi hai mene. Jyada bhari likhne ka try nahi kiya mene. Jab pyar chala gaya hai aur use batana hai ki pyar kesa hua karta tha usi pe kuch likha hai.

केसा वक़्त था वो, ख़ुशियाँ तेरी मेरी नही हमारी हुआ करती थी
बाते एक दूसरे के बिना अधूरी हुआ करती थी
मुकाम तेरी और मेरी मज़िल का एक ही हुआ करता था
चाहत हमारी एक हुआ करती थी|
मुलाकाते बहानो की मोहताज नही हुआ करती थी
मिलने की इंतजारी पहली मुलाकात जितनी हुआ करती थी|
प्यार की डोर बँधी थी, तंग नही हुआ करती थी
तू पास था और दूरिया थोड़ी ओर दूर हुआ करती थी|
सोचा ना था की तेरे आस पास लोग इस कदरआ जाएगे की,
खो जाऊगा उस भीड़ मे जिसमे मेरी अलग पहचान हुआ करती थी|
सवाल आज ख़ुद से पूछना है, जो मुहब्बत बिना किसी वजह करी थी
वो बीच रास्ते से मुड़ने के लिए हुई थी?
शिकायत नही कर रहा पर, प्यार मे अधूरा रह जाऊ, ये चाह कभी नही थी
खो गया है तू कही अपनी ही दुनिया मे वरना ये आशिक़ी तेरी एसी नही थी|

3. इकरार-ए-मोहब्बत

Ishq ke 7 stage ke bare me sabne suna hoga (nahi pata ho agar to Google kar lena). Usme se pehle do hai Attraction - Akarshan and Infatuation - Aasakti. Pyar bad me ata hai, pehle ye do ate hai jab hame pata nahi hota ki ye pyar tak pahochega ki nahi, Sach me ye pyar hai!! ya fir ek temporary attraction. Ye kavita usi do stage ko leke likhi hai. Pyar se bas thoda sa kam par kuch hai, dekh sakta hu main ki shayad pyar agla stage hai lekin sath me dar hai ki mehbub shayad sath na de. Kyuki kambakht dil laga liya hai udte hue panchi se jo pyar ko kaid samjta hai. Koi agar pyar bole to use pinjara sunae deta hai.

इसे मैं प्यार का नाम नही दे सकता अभी,
लेकिन, हा दोस्ती से बढ़कर है ये अभी,
तुझसे लगाव है की चाहत ये पता नही,
हा पर तू अच्छा लगने लगा है अभी,
कल का कोई वादा नही करना चाहता मैं,
हा पर तू चाहिए पता है आज अभी|
इकरार मोहब्बत का नही कर रहा, पर तुझे पसंद करने लगा हूँ उसका इज़हार है अभी,
अंजाम क्या होगा पता नही है कुछ भी,
लेकिन एक खूबसूरत सफ़र तेरे साथ शुरू करना चाहता हू मैं अभी|

ग़लत बहुत कर लिया है ये जिंदगी में,

अब मेरे सुधरने की वजह बनाना चाहता हू तुजे अभी|

मालूम है, तू उड़ता हुआ पंछी है अभी,

आज़ादी की उड़ान भरी है तूने अभी अभी,

मेरी चाहत बोज़ लगे तुझे शायद कभी,

सोच ले, अगर आना हो पास मेरे तो खड़ा हू मैं यही

और अगर जाना हो तो, नॅम होगी आँखे लेकिन रोकुगा नही कभी..

दिल खोला है तेरे सामने तो सुन ले अभी,

मिलके तुझे लगा था फिर से चाँद हसीन दिखने लगा,

लगा था हसीन रातो का सिलसिला शुरू होगा,

लेकिन, लगता है नसीब की रेखाए कमज़ोर है काफ़ी और,

ये दिल उतना मज़बूत नही अभी|

क्या बताऊ की तेरे आने से पहले ही ना होने का गम है अभी|

इसीलिए कहता हूँ, अगर मैं पूरे चाँद की ओर इशारा कर दू,

तू याद दिला देना चाँद पूरा रहता नही कभी|

4. कभी तो बोल दे

Kabhi kabhi lagta hai ki aap jis se pyar karte ho usko bhi same feelings ati hogi kya? Usko bhi kabhi wo mehsus hota hoga kya? Puchne ka man karta hai ki kya uske liye bhi utna hi mushkil hai pyar karna? Pyar jatana? Puchte hai chalo...

दूरियाँ कभी कभी तुझे भी चुभती है
कभी तो बोल दे।
ये प्यार की बारिश तुझे अच्छि लगती है
ये बिन मौसम की बाहर अच्छि लगती है
कभी तो बोल दे।
मेरे बिना गुज़ारा तेरा भी मुश्किल है
चाहत मेरे से ज़्यादा तुझे है
कभी तो बोल दे।
मिलने का इंतजार तुझे भी रहता है
बिछड़ने का गम तुझे भी होता है
कभी तो बोल दे।
मेरा साथ तुझे सुकून दिलाता है
मेरी गेर हाजरी तुझे बेचेन कर जाती है
कभी तो बोल दे।
की आज तुझे बरसने का मन है
आज तुझे प्यार जताने का मन है
कभी तो बोल दे।
मैं क्या हू तेरे लिए वो सुन ना है

दिल भले जानता हो पर फिर भी सुन ना है
जो है वो बोल दे|

5. बहुत नही है

Ye kavita wo dilasa hai jo kabhi kabhi khud ko diya jata hai. Ya fir ek tarfa pyar karna koi kharab nahi hai, usme bhi khushiya kese dhund sakte hai wo batata hai. Ham chahe to mohabbat ko sirf dekh ke bhi khush ho sakte hai ya fir wo hamara ho sakta hai usi khyal pe jindagi kat sakte hai..

हाँ, भले तूने आधी अधूरी करी है पर मेरे लिए वो भी बहुत है
मरते हुए आदमी को गिनी चुनी साँसों का सहारा भी बहुत है|
शर्तों पे, वो भी प्यार, शायद कोई ना करे
पर जिसके लिए वो मंज़िल नही एक सफ़र बन जाए वो भी बहुत है|
तेरी शर्ते, तेरे सारे नियम, मंज़ूर
पर मेरे लिए थोड़ा सा वक़्त निकाल लेगा तू, वो मेरे लिए बहुत है|
तुझे खोके बदनसीब बनु उस से बेहतर
तुझे इतना पाके थोड़ा ख़ुशनसीब बनू|
चाहत तेरे नामे जिंदगी लिखने की थी
पर सिर्फ़ ये "चाहत" ही, तेरे नाम कर दू वो भी बहुत है|
सुकून तभी आएगा दिल को जब तू फिर से मेरा हो
पर अभी मेरा हो सकता है फिर से, ये उमिद ये इत्मीनान भी बहुत है|
तेरी ना को मैं शायद हा मे बदल पाऊ वो अभी मेरे लिए बहुत है
मेरे लिए तुझे पाना कोई खेल नही है
बस तुझे खोना मेरे लिए जान जाने से कम नही है ये तू समज ले वो बहुत है|

6. सरल

Pyar hamesha impossible sa hi lagta hai, lagta hai ki wo adhura hi rahega, dur jata hi rahega. Kas ke pakad ke rakhe to hatho pe ghao deta hai aur agar chhod de, to hatho se sarak jane ka dar laga rehta hai. Kuch isi pe likhne ka try kiya hai...

तू हाथो मे पकड़ी रेत सा
जितना कस कर पकड़ू, उतना तेज सरकता |
तू आँखों मे समाए चाँद सा
मैं जितना तुझे देखु तू रोज थोडा घटता |
तू प्यार के मौसम सा
जितना महसूस करू उतना तू बदलता |
तू एक हसीन ख्वाब सा
आँखें खोलते ही हक़ीकत सा तू बिखरता |
तुझे प्यार किया ढलती शाम को
और तेरा प्यार सूरज सा ढलता |
चाहा तुझे बहुत सरल सा
लेकिन तू रहा कही और उलजता |
आँखें बँध करी दिल मे उतरने को
तू आँसू सा गालो पे सरकता |

मेरी मोहब्बत वफ़ादार मौत सी
तेरी, दगाबाज़ जिंदगी के जेसे दामन छोड़ता |

7. मैं क्यूँ

Kabhi kabhi hota hai na ki hame ladna hota hai apni mohabbat se, kae sawal puchne hote hai jinke javab diye bina wo chala jata hai. Uske wapas ane ki umid nahi hoti par ye sawalo ke javab diye bina kyu gaya wo hame ye bat kha jati hai. Kya kabhi kisi ko iske javab mile hai? Ya fir isi sawal ke sath jiye ho? Mile ho to batana mujhe bhi..

अगर लंबा रुकना नही था तो आया ही क्यूँ
हाथ थामना नही था तो उमिद जगाई ही क्यूँ
मैने बोला था की मैं अधूरा हूँ?
फिर बिना पूछे सामने से आये क्यूँ?
तू ख्वाबो ख्यालो तक ठीक था,
तु हक़ीकत बना क्यूँ?
पहले तू ये बता चल,
ना मेने तुझे खुदा से माँगा था,
ना तुझे खुदा का वास्ता दिया था,
फिर, फिर से बिखेरने आया क्यूँ?
अब जो बिखरा हूँ फिर से, तो मूह एसे फेरा है जेसे टूटा पहले से हूँ?
आया अपनी मन से, गया अपनी मर्ज़ी से,
यहा फिर से बिखरा दो मंज़र के बीच मे,
तुझे फ़र्क पड़ेगा ही क्यूँ
मैं जो इंसान की खुश्बू तक को याद रखने वाला,
तू जो इतंनी सारे यादो का बोझ़ देके गया क्यूँ?

प्यार करना गुनाह है, पर ना मेने गुनाह किया ना करने को बोला था तुझे,
फिर ये सज़ा का अकेला मालिक मैं क्यूँ?
क्या समजेगा, जब तक बिखरता खुद नही तू,
क्या समजेगा, जब तक बिखरते हुए खुद को देखेगा नही तू,
पता भी है तुझे सूरज के ढलने के बाद का अंधेरा केसा होता है?
पता है तुझे भीड़ का अकेलापन केसा होता है?
जब आँसू, दर्द, प्यार, घभरहट सब एक साथ निकलना चाहते हो
और उसे आज़ादी इस क़ैद से ना मिले तो घुटन केसी होती है, पता है तुझे?

8. इंतज़ार

I guess "Intazar" and "Pyar" are synonyms. Intazar aur pyar hamesha ek sath ate hai. Pyar ki "तीव्रता" and Intazar ki "आयु" dono ek sath chalte hai. Wahi batane ko ye likha hai mene.

जाओ केह दो उस ज़माने से
की इंतज़ार मेरा सूरज के पूरा जल जाने तक का होगा
आसमान के धरती पर जुक जाने तक होगा
खुदा का फिर से ज़मीं पे आने तक होगा
नदियों का पानी सूखने तक होगा
सागर का पानी मीठा होने तक होगा
शर्म आ जाये इंतज़ार को उतना मेरा इरादा मज़बूत होगा
इंतज़ार मेरा समय की सिमाओ से परे होगा
इंतज़ार मेरा उसके वापस आ जाने तक का होगा
इंतज़ार मेरा समाज का मोहताज नहीं होगा
हा ये जानता हु के आखरी सास से पहले वो मेरे साथ होगा
जानता हु इंतज़ार का जीवन ज्यादा लम्बा होगा
लेकिन ये भी जानता हु की लम्बा इंतज़ार सुकून दिलाता होगा
चाहत यही है की एक दिन वो फिर से मेरे साथ होगा
इंतज़ार को ख़तम करने वाला वही होगा
और चाहत वही है की वो दिन
मेरे इंतजार का और जीने का आखरी दिन होगा

9. रंग

Kisi ne pucha ki ye rang kya hota hai? Kya एहमियत (importance/significance) hai uski hamare jivan me? To mene ye bola ki chalo thoda rango ko samajte hai aaj.

रंगो को हर एहसास, जज़्बात और परिस्थिति ओ के साथ जोड़ के रखा है

जब गम मे होते है तो कपड़े फीके रंग के होते है

और खुशियों मे यही लाल हरे और पीले होते है |

ओढ़ लिया किसी ने सफेद तो गम की निशानी है

तो किसी के लिए खुशियो की शुरुआत है

कोई काले को अपशगुन मानता है

तो किसी के लिए पाक लिबास है

भगवान को लाल रंग का सिंदूर है

तो कोई दरगाह पे हरे रंग की चादर चढ़ाता है |

रिस्तो को भी ये रंग काफ़ी हद तक समजाता है,

सफेद गुलाब शांति का प्रतीक है,

पीला वाला दोस्ती को दर्शाता है

तो लाल वाला इश्क का पूरक है |

यहा तक की इंसान की पहचान को रंगो से जोड़ के रखा है

नीला, पुरुष के बराबर

गुलाबी होता स्त्री का स्वरूप है |

रंगो को विशेषण भी बना के रखा है

कला धन, सफेद जुठ, सुनहरे अवसर और लाल आँखे

ये सब रंगो की ही देन है जो सबको कमाल बना देता है |

जिस किसी के साथ जुड़ जाए उसका प्रतीक बन जाता है
बिना बोले सब कुछ बयान ये रंग ही कर जाते है |

मैं बोलू नीला तो समुंद्र या आसमान
अगर पीला तो रेगिस्तान
मैं बोलू काला तो बादल
अगर बोला सफेब तो बर्फ़ के चट्टान
जो मैं बोलू हरा तो घने जंगल
और मैं बोलू लाल तो खून या तेरा यार याद आएगा? (वेसे खून और
यार से हुआ इश्क़ एक समान, लेकिन उसपे कभी ओर बात करेंगे)

10. अधूरा

Ham chahe kitna bhi kuch karle, kuch na kuch chhut jata hai, adhura reh jata hai. Pyar bhi unme se ek hai, pyar ki mulakate bhi unme se hi hai. Lekin ye adhuri chije hame jindagi pura jina sikhane ka try karti hai....

मुलाकाते अधूरी रहे ये भी अच्छा है
अगली बार मिलने का बहाना है
तुझे मिलके जी भरता नहीं कभी
अधूरी बातो का तो सिर्फ बहाना है
तुझे देखने का बस एक जरिया है
बाते भले पूरी ना हो तेरे साथ कभी
बातो के ही बहाने मिलते रहेंगे यही एक इरादा है
तुझसे मिलने के वैसे तो बहाने की जरुरत नहीं
ये तो दील की एक तमन्ना है
की मिलु तो तुझसे किसी बहाने से मिलु
वरना तुजसे तो आंखे बंध करके भी मिलना हो जाता है
मुलाकाते आधी रेह जाये हमेशा हमारी
अगली बार पूरा करने की चाह रहती है
अधूरा रहने में भी कभी कभी बात है
वरना पूरी होके तो ख्वाहिशे भी ख़तम हो जाती है
अधूरा मैं अधूरा तू और अधूरा हमारा प्यार
पूरा हो नहीं सकता लगता है इसीमे पूरा जीवन बिताना है
अधूरे से ये प्यार की शिकायत नहीं है
बस ये अधूरेपन के साथ जीने की आदत डालनी है

11. हाल-ए-दिन

Intezar!! wese bat kari hamne pehle ispe par yaha thoda najariya, thoda tarika alag hai. Intezar wo pyare dard ki tarah hota hai jise agar der tak mehsus karo to apattijanak hota hai par mehsus karne me ek alag sa maja ata hai. Agar galat hu to batana muje. Izhar pyar ka sabko karna hota hai par uske sath jo by product ati hai "intezar", wo kisi ko nahi karna hota. Pyar and Intezar dono sikke ke do pehlu hai. Ya to dono sath ayege ya ek bhi nahi. To ye kavita usi pe hai ki pyar ke izhar ke sath, manzil ghadi ke kanto pe ya sanso ki ginti pe nahi milti, pyar to ye samay ke ant tak hota hai fir chahe sanse chale ya na chale.

क्या लिखू मैं आज,
मन था तुझे बिठा के हाल-ए-दिन सुनाऊ,
आँखो में तेरी, मेरी आँखे पिरो के मोहब्बत की बाते बताऊ |
काग़ज़ पे लिखा तेरे लिए "इश्क़" तू पढ़ ले,
फ़िर आगे मेरे दिल के हाल दिखाऊ |
दिल में उतार के तुझे दिल की दीवारो पे लिखा तेरा नाम दिखाऊ
इतना काफ़ी ना हो तो नब्ज़ काट के दिखाऊ?
खून नही, नब्ज़ में से तेरा नाम बहते हुए तुझे ही दिखाऊ |
इतना प्यार जताने के बाद में तुझसे तेरे जवाब का इंतज़ार करू,
तेरी "हा" हो, "ना" हो, "शायद" हो,
उस तड़प में शायद मर ना जाऊ|

आगे सुन तू,
अगर तूने हा कहा,
तो खुशी में, मैं पागल ना हो जाऊ,
अगर तूने ना कहा,
तो फिर कभी मैं प्यार ना कर पाऊ‌|
और अगर तूने इज़हार को उलजन में ज़रा सा रखा,
तो फिर मैं शायद जीते जी मर जाऊ |
अब तू देख, जवाब तुझे क्या देना है |
हा, ज़रूरी नही तेरा अभी फैसला करना,
तेरे प्यार में इतना इंतज़ार किया,
कुछ जनम और इंतेज़ार कर लू,
ले ले वक़्त तुझे जितना चाहिए उतना,
मैं समय के अंत तक खड़ा हूँ |
पर एक बार देख लेना समय की ओर
क्योंकि अंत, समय का शायद अभी हो |

12. मुबारक तुझे

Pyar ka ek mukam ata hai jab samne vale se mohabbat
ho lekin koi umid na ho, fir use apse "बेइंतिहां" mohabbat
hi kyu na ho jaye, use pyar karne ko ye dil ha nahi bolta.

अब तू खुदा भी बन जा, ना मांगू तुझे
अब तू चाहत के काबिल बन जाए, तो फिर से ना चाहू तुझे
आयना बन जाये तू, तो प्यार की परछाई मुबारक तुझे
प्यार की बेबसी मुबारक तुझे, वो तड़प मुबारक तुझे
याद मेरी, आंसू तेरे, ये दर्द महसूस हो तुझे
दुआ में तू मांगे मुझे, लकीरो में तू ढूंढे मुझे
तड़पता नहीं हु अभी, और तू तड़पता मिले मुझे
हम जी रहे है पहले दिन से ऐसे
अधूरी साँसे, बेचैन दिल, ये आज मिला है तुझे
पाला पड़ा है अधूरे इश्क़ से जनाब,
पहले बर्बाद किया हमें, अब ये आज़मायेगा तुझे
जा थोड़ी सी साँस लेले,
ना इश्क़ करना आया, ना इश्क़ मैं मजनू बन ना आया तुझे

13. कब तक

Pyar jab bhi khatam hota hai to bahot kuch milta hai insan ko jo sametna padta hain. Bikhre sapne aur bikhra khud. Sapne sametna shayad asan hai lekin khud ko sametne me himmat chahiye kyuki insan ko lagta hai ki sametne ke bad bhi kya hi hoga!! Jo chala gaya wo wapis to nahi ane vala hai. Ye kavita bas wahi pyar khatam hone ke bad dil ko samjata hue dimag ne likhi hai.

कब तक अपने अंदर की ख़ामोशी मिटाने बाहर के शोर का सहारा लेगा,
ये शोर भी एक ना एक दिन खामोशी मे बदल जाएगा,
कब तक आँसू को छुपाने बारिश का सहारा लेगा,
भूल मत बारिश भी एक मौसम है,
और मौसम भी एक दिन बदल जाएगा |
कब तक अपनी साँसों को उसके नाम करता रहेगा,
धोखा देना फ़ितरत है साँसों की,
एक ना एक दिन उसका भी साथ छुट जाएगा |
कब तक उसके नाम को दिल पे लिखने की कोशिश करेगा,
याद रख जख्म "जख्म" होता है,
हमेशा के लिए निशान छोड़ जाएगा |
कब तक उसकी यादो को धड़कनो मे समाएगा,
धड़कने तेज होगी तो दिल का दोरा पड़ जाएगा |
बेवजह आते आँसूओ के लिए कब तक बेगुनाह मिट्टी को बदनाम करेगा,

दुनिया मान लेगी जुठ को, लेकिन आयना उसमे तेरी ही धुंधली तस्वीर दिखाएगा |
उसकी ओर जाते कदम रोकने के लिए कब तक ग़लत राह चुनेगा, ठहर जा कही,
क्योंकि ग़लत रास्ता हमेंशा बर्बाद कर जाएगा |
कब तक उसे भूलने के लिए ये सारे तरीके आज़माएगा,
प्यार है ये प्यार, कोई वसीयत नही जो सिर्फ़ कहने से हक़दार बदल जाएगा |

14. अगर

Agar use batana pade ki mera pyar kesa hai to shayad
ese batata me. Use bhi pata chale ki kitna chahta hu me
use...

मेरे खुदा का चेहरा होता तो वो तेरे जैसा होता
प्यार का कोई रूप होता तो वो तेरे जैसा होता |
वैसे तो ये दिल अब लापता कर दिया है आज कल
लेकिन दिल का अगर कोई नाम पता होता तो वो तेरा होता |
किसी ने कहा धड़कन तो एक जैसी होती है सबकी, मेने कहा,
धड़कन का कोई सुर होता तो वो उसकी आवाज सा होता |
तेरी खुशबु को इतना समा लू खुद में की
महसूस कर पाती अगर साँसे तो उसमे तेरा एहसास होता |
मेरे ख्वाब हमेशा आँखों के अंदर ही रेह जायेगे
पर हसीं ख्वाब सच में साकार होता तो वो तेरे जैसा होता |
प्यार अक्सर जन्नत की सेर करवाता है पर
मेरी जन्नत का कोई नजारा होता तो वो तेरे चेहरे जैसा खूबसूरत होता
|
प्यार में मंज़िल का नहीं सफर का मजा होता है,
पर मेरी मोहब्बत की कोई मंज़िल होती तो वो मुकाम तेरे जैसा होता,
मेरे जीवन का अगर कोई प्रतिबिम्ब होता तो वो तेरी रूह जैसा होता |
बोल पाता मेरा प्यार अगर तो सुबह शाम बस तेरा नाम लेता
रूह मेरी दो हिस्सों में बँटी होती तो दूसरा हिस्सा तुझसा होता |

15. उल्जन

Kae bar dil aur dimag ek dusre se ladte hai, isiliye nahi kyuki dono ko alag chij chahiye, isiliye kyuki dimag man chuka hota hai bita hue lamhe wapas nahi ane vale and dil hamesha bite hue lamho ka boj utha ke chalta hai. Ye kavita bs dil ke us boj se nikli hai.

कितनी बार समझाऊ खुद को की वो प्यार मेरा नही अब..
कितनी बार समझाऊ की वो चाहकर भी वापस नही आ सकता अब..
कैसे समझाऊ खुद को की मेरा हिस्सा वो नही बन सकता अब..
कैसे समझाऊ खुद को की मेरे हिस्से की बारिश किसी और को भिगाएगी अब..
कितनी बार समझाऊ की ढलता सूरज और उगता चाँद किसी और के साथ देखेगा वो अब..
कैसे खुश हौऊ, उसे मौसम के मज़े किसी और के साथ लेते हुए देख के अब..
कैसे मनाऊ खुद को की वापस नही आ सकता बीता हुआ समय अब..
कैसे मान लू की प्यार अभी भी है लेकिन दिखा नही सकता वो अब..
कैसे रोकू ये आँसू क्योंकि नही काबू मे मेरे ये अब..
कैसे मनाऊ इस दिल को की उसे धड़कना होगा उसका नाम लिए बिना अब..
कैसे संभालके रखू वो लम्हे उसकी यादो के क्योंकि बचा नही कुछ उसके अलावा अब..
चाहू उसे तो दिमाग़ बेकाबू, ना चाहू तो दिल बेकाबू,

उस से दूरिया बाद मे कम करू पहले दिल और दिमाग़ की दूरिया कम
हो जाए अब...

16. आज भी हूँ

Dur hu us se aaj par wo puche kitna pyar karte ho
mujhse se to me boluga padh le ye aur samaj ja...

तेरी आँखों का दीवाना आज भी हूँ

तेरी एक हसी का दीवाना आज भी हूँ

तू साथ हो ना हो,

तेरी एक झलक को तड़पता आज भी हूँ।

और कम्बख़्त हाथो में तेरे नाम की लकीर ढूंढ़ता रेह जाता हूँ

सुन ने को प्यार का इज़हार, इंतज़ार आज भी करता हूँ।

दिल खोल के तस्वीर दिखाने को बेक़रार आज भी हूँ

चाहे खुदा बुरा माने लेकिन तुझे खुदा बनाने तैयार आज भी हूँ।

साथ तेरा नसीब में ना सही,

पर ख़ुशी देने दूरियां सहने तैयार हूँ

इस जनम तेरी लकीर हाथ में नहीं,

पर अगले जनम उस से लड़ने को अभी से खड़आज भी हूँ।

17. फीनिक्स

Bahot pyar bhari, love vali, thodi rone vali, dil dukhane vali kavita ho gae. Ab thodi alag likhi hai kavita, hope you like it. I wish it motivates you.

अगर मैने कहा की आगे बढ़ने के लिए थोड़ा पिछे जाना पड़ेगा तो मानोगे तुम?
अगर मैं कहु की खुद को निखारने के लिए टूट के बिखरना पड़ेगा तो मानोगे तुम?
आग से उठने के लिए खाक मे मिलना पड़ता है, कर पाओगे तुम?
उड़ान आसमान मे भरने को बोज को उतरना होगा, होगा तुमसे?
हसरत जन्नत की बिना मरे पूरी नही होती तीर्थ,
तिल तिल मरके भी जिंदा रह पाओगे तुम?
उस स्तर तक टूटना पड़ेगा जहा से सिर्फ़ उपर उठना मुमकिन हो,
तय्यार हो तुम?
एसे ही कोई फीनिक्स नही बनता,
नये जनम के लिए इम्तिहान की आग मे जलना पड़ता है, मान लो तुम,
शिव को पाने को सती को भी जलना पड़ा था आग मे, याद रखना तुम,
तो मंज़िल को पाने को कुर्बानी के लिए मन बना लो तुम |
जब सब कुछ गवाने को खड़े हो, तो ही बहुत कुछ पा सकोगे तुम
और प्यार मे अमर होना है तो उसे भी टूटकर करना पड़ेगा, मान लो तुम |

18. मैं नहीं रहुगा

Jindagi na hame tab wo chij deti hai jab hame wo nahi chahiye hoti hai. Pyar bhi kahi bar tabhi ata hai jab ham us se age badh chuke hote hai, adhure pyar ke zakham se dosti kar chuke hote hai, us se koi dard nahi hota. Tab shayad agar pyar aye to ye kahuga mein.

एक समय ऐसा आएगा
जब तेरे पास मैं रहुगा पर तेरे साथ नहीं रहुगा
पानी से भरी नदिया होगी, और मैं प्यासा नहीं रहुगा
प्रेम से भरा हुआ सागर होगा पर डूबने को मैं नहीं रहुगा
साथ चलने को काफी होंगे और साथ देकर चलने को मैं नहीं रहुगा
सुन ने वाले काफी होंगे पर समझने के लिए मैं नहीं रहुगा
भीड़ से घिरा रहेगा तू और उस भीड़ में मैं नहीं मिलुंगा
शायद तू आँखों में रख ले मुझे लेकिन नजर में नहीं रहुगा
बातो को तेरे है कोई समजेगा लेकिन चुप्पी को समझने शायद मैं नहीं रहुगा
अगर खुदा तू इश्क़ को बना भी ले, तो इबादत में मैं नहीं रहुगा
हकीकत बन ना चाहे तू लेकिन मैं हमेशा अधूरा ख्वाब रहुगा
शायद तू प्यार में चाँद बन भी जाये
पर अब यही प्यार है, तू चाँद और मैं तुझे तकता रहुगा

19. पागलपन

Kabhi kabhi pyar me wo stage ata hai jab ham jis se pyar karte hai usko khud ke andar pa lete hai. Fir pyar karne ko wo insan nahi chahiye, hame wo khyal kafi hota hai par karne ko, lekin wo khyal taklif bhi utni deta hai hame. Hame pata nahi chalta ki kab wo dhire dhire maut me badal jati hai. Jese Ranjha ko heer khud me mil gae fir kya halat hue hogi uski ye thoda batane ka try kiya hai ye kavita me.

तू मैं और इश्क़, रहते तीनो एक जिस्म मे
कोई पूछे तुम कोन
मैं बोलू "वो",
यार दिखता नही तुम्हे हाड़ माँस के इस पुतले मे?

इतना घुल गया हूँ इश्क़ के समुंदर मे
की अगर अलग करने जाओ मुझे
तो मिलेगा एक ओर नमक और एक ओर वो
मोहब्बत ज़्यादा अब उसके होने के ख्याल से हो गई है
प्यार जताने को अब नही चाहिए वो |
जाके उसे बोल दो की ना आए वो
लकीर में नही तो, पागलपन में मिला वो |
मना कर दूगा पहचान ने से उसे
क्योंकि जुनून में तो प्यार मुझसे करता है वो

निकल ना पाएगे ये क़ैद से मैं या वो
फिर एक ही बात, जान निकले या निकले वो |
प्यार, बेचेनी बन के बहता है रगो में मेरे
नोंच नोंच निकल के फेकू केसे बाहर वो,
जबकि मुझमे मुझसे ज़्यादा रहता है वो
तकलीफ़ केसे दू उसको
जिंदा रखता वो और तिल तिल मारता भी वो |

20. कितना प्यार करता हूँ|

Chalo thoda pyar kese jatate hai wo batata hu. Is kavita ko do tarike se dekh sakte ho. Ek - agar mohabbat tumari nahi hai, tumhe pata hai lekin use fir bhi ye ehsas karvana hai ki kya gawa raha hai wo. Dusra - pyar tumara ho gaya hai aur use ye ehsas karvana hai ki wo kitna khas hai. To jesi tumari situation wesa tumara najariya..

चल आज बेठ मेरे साथ तो तुझे बताता हूँ की कितना प्यार करता हूँ
तुझसे
बिना हाथ पक़ड़े बिना आँखों मे आँसू लाए प्यार महसूस करवाऊ तुझे
मैं चाँद सितारो तक नही जाऊगा प्यार को समझाने,
आँखे बँध कर और चल, दिखाऊ मेरे वाला प्यार तुझे

चाहत है की रोज सिरहाने सोये तू, आँखे खोलू तो मीठी सी हसी का
स्वाद लूँ मैं,
हाथ जोड़े, आँखे बँध, सर जुखाए, और तू मेरे बगल में ,
वेसे इतना बहुत है, लेकिन फिर भी माँगूँ तुझे ही आँखे मूंद के मैं |
ज़्यादा कुछ नही बस तेरे रंगो से मेरे लिबास को मिलाना है,
चाहत मेरी पिछली सीट पे तुझे ही बिठाने की है,
मंदिर की सीडियो को तेरे साथ चढ़ने की है,
सड़क को पार करते तेरा हाथ थामने की है,
तेरे साथ पसंदीदा गानो पे मन खोल के नाचने की है,
त्योहार की खुशियाँ तेरे साथ मनाने की है |

किसी और से मैं हसके बात करू अगर,
तो तुझे जलते हुए देखने की है |
तुम्हारी ज़रूरते समझने को आँखें और दिल की ज़रूरत ना रहे
एसा प्यार करना है |
वेसे प्यार की बाते राधे-क्रिश्न के बिना अधूरी है,
लेकिन उनके बाद कोई तेरा-मेरा नामे ले,
मुझे एक बार बस एसा प्यार तुझसे करना है |

सूरज चाँद तारे, ये सब शायरो के हथियार है प्यार के,
मेरी धड़कन तो काग़ाज़ पे लिखा नाम पढ़ के तेज़ हो जाती है |
आयने का सहारा दुनिया को,
मैं तो तेरी आँखो में देख के ही खूबसूरत हो जाता हूँ|

21. अंत ही नया आरंभ है

Soch lo ki mohabbat itni karli ki ab tum thak chuke ho. Bahot samja liya use, mana liya use, ab tum har chuke ho. Jis mod pe uska intazar hai wo chhodna hai tume, age badhna hai tume. Par ek akhri bar batana hai use.

बाते ये किताब के साथ ख़त्म करते है
प्यार की कहानी भी अंत करते है |
तेरे ना होने का बोज़ ये दिल पे
यही इसी मोड़ पे रखते है |
थक गया पुराने पत्ते पलटते हुए
तेरा मना करना, मेरा मोहब्बत करते रहना
बस अब इसी पन्ने पे ख़तम करते है |
नाराज़गी से ज़्यादा अब थकान है
थोड़ा सुकून इस दिल को भी देते है |
तू मेरा ना होगा ये यकीन है
अब वो आशा को अभी इसी वक़्त इधर दफ़न करते है |
तेरे नाम की अर्जिया अब नही करनी,
थोड़ा उपर वाले को भी आराम देते है |
निकल रहा हू मैं मेरे ही बुने हुए जाल से
मन मेरा बोले हक़ तेरा भी है
चल अब से खुद के लिए जीते है |
स्याही के साथ तुझे भी उतार रहा हूँ
इस किताब के बाहर निकलना मत
क़ैद का मज़ा तू भी ले, देखते हैं |

9 789369 545728